लेखक

परमजीत सिंह का जन्म उत्तर प्रदेश के सहारनपुर शहर में एक पंजाबी परिवार में हुआ था। उनके घर का माहौल ऐसा था जहाँ उनकी जिज्ञासा और सोच को कभी रोका नहीं गया। उन्होंने डीएवी कॉलेज, चंडीगढ़, से बी.ए. की डिग्री प्राप्त की, जहाँ खेलों की तरफ़, ख़ासकर मुक्केबाज़ी, के प्रति उनकी रुचि निकलकर आई।

कॉलेज के बाद ज़िंदगी उन्हें मुंबई ले आई, जो उस वक्त बॉम्बे के नाम से जाना जाता था। बहुत जल्द वे एक ५-स्टार होटल के लॉबी मैनेजर बन गए, जहाँ उनकी बॉम्बे के नामी-गिरामी और कुछ संदिग्ध लोगों से भी पहचान हुई। होटल खोलने के अपने सपने को पूरा करने की कोशिश में उनकी भिन्न-भिन्न प्रकार के लोगों से मुलाक़ात हुई, और वे जल्द ही समझ गए कि सिर्फ बातों से इमारतें खड़ी नहीं होतीं। उन्होंने उस दौर के फैलते अंडरवर्ल्ड की झलक भी देखी, लेकिन एक गहरे और दिव्य अनुभव ने उन्हें उस रास्ते से अलग कर दिया और जीवन को एक नया अर्थ दिया।

यह पुस्तक उनके जीवन से मिली सीखों, विचारों और अनुभवों का संग्रह है। इनमें कुछ अनुभव गहन हैं, कुछ दर्दनाक, कुछ हल्के-फुल्के और मज़ेदार-परंतु इन्हें एक साथ बाँधने वाली बात यह है कि ये सभी सीख और सच्चाई के स्थान से उत्पन्न हुए हैं।

अगर उनसे उनकी ख़ुशी का राज़ पूछा जाए, तो उनका उत्तर कुछ ऐसा होगा, ''प्रभु के प्रति कृतज्ञता, लोगों में अच्छाई खोजने की इच्छा, एक मोटरसाइकिल, पहाड़ों की ओर जाता खुला रास्ता और कुछ मजेदार किताबें।''

परमजीत सिंह की किताब ''अर्थ वॉक'' के बारे में लोगों के विचार

– शिवम नायर, फ़िल्म निर्देशक

जब सच्चाई और इरादों की पवित्रता के साथ संवाद किया जाता है, तो शब्दों में हमारे जीवन को बेहतर बनाने के लिए चमत्कारिक रूप से परिवर्तित करने की शक्ति होती है! यह पुस्तक उसी इरादे और जुनून के साथ लिखी गई है! मैं इसे दृढ़ता से सुझाव देता हूँ!

– चावला जोशी, शिक्षाविद्, निदेशक, प्राइम अकादमी

मेरे प्रिय रब्बी, आपने अपने निस्वार्थ प्रेम के साथ हमारे दिलों और जीवनों को छुआ है। आपके शब्द टूटे हुए दिलों के लिए एक सहारा रहे हैं, वे कमजोरों और जो ठोकर खाए हैं उन्हें मजबूती प्रदान करते हैं। आप इतने गहरे तरीके से सिखाते हैं कि हर कोई, विभिन्न पृष्ठभूमियों से, समझता है कि आप क्या कहना चाहते हैं। आपके संदेश अंतर्दृष्टि और सच्चाई से भरे हुए हैं। आपकी सभी प्रार्थनाओं और जिस तरह से आप हमें शिक्षित करते हैं, उसके लिए बहुत-बहुत धन्यवाद।

पुस्तक पढ़ते समय, मैंने एक ठहराव, आनंद, हंसी, अपने व्यवहारों के बारे में एक आंतरिक जांच और कुछ अहसासों का अनुभव किया। कुछ बातें मेरे साथ कई दिनों तक रहीं, और मैंने अपने काम और जीवन के अन्य पहलुओं में इन अंतर्दृष्टियों का उपयोग किया। यह पुस्तक जीवन के किसी भी और हर क्षेत्र से लोगों के लिए लाभकारी होगी। यह आशीर्वादित है और पाठक भी आशीर्वादित होंगे।

–पायल गुप्ता, सीईओ, सेलिब्रेटरी नेटवर्क

परमजीत सिंह इतने सारे लोगों के लिए गहन ज्ञान और विवेक का स्रोत रहे हैं। वे इतनी करुणा से सुनते हैं, और फिर हमें प्रेमपूर्ण देखभाल के साथ संतुलित निर्णय लेने के लिए हल्के से मार्गदर्शन करते हैं, जबकि हमारी आस्था और सिद्धांतों को बनाए रखते हैं। उनके दृष्टिकोण ने जटिल स्थितियों में सूक्ष्म अंतर्दृष्टि और स्पष्टता प्रदान की है। वह किसी तरह हमेशा अर्थ खोजने और ऐसी सत्यताएँ उजागर करने में सफल होते हैं जो गहराई से प्रतिध्वनित होती हैं, यहाँ तक कि जीवन की अराजकता के बीच भी। वे निरंतर विनम्रता, देखभाल, और ईश्वर केंद्रित ज्ञान के साथ हमारा मार्गदर्शन करते हैं।

– तुषार गुप्ता, लीड प्रोडक्ट मैनेजर,
पैक्ट पब्लिशिंग, यूनाइटेड किंगडम

* अनुक्रम *

* अनुक्रम *

* अनुक्रम *

* अनुक्रम *

तुम आए तो माहौल बदल गया,
जिस शहर को मैं छोड़ रहा था,
वहाँ मैं रूक गया।

सब दिन जो तेरे साथ बिताए,
शायद मुझे याद नहीं,
पर हर लम्हा जो तेरे साथ बीता,
बिलकुल याद है।

तुम्हारी आवाज़ मख़मल की तरह
मुझे आराम से ढक देती है,
सब ठीक हो जाता है,
बारिशें होने लगती हैं,
मेरे घर के इर्द गिर्द,
ठंडी हवाएँ खिड़की से
अंदर आने लगती हैं।

मैं आहिस्ता से चिल्लाऊँ कैसे,
तुम्हें देखूँ तो चुपके से मर जाऊँ कैसे?

समझने की ताक़त उसकी
हसीन आँखों में है,
उसे पता है कब बोलना है
और कब गले लगाना है।

मोहब्बत टूट जाती है,
जो लगता था, कभी ना टूटेगी,
एक दूसरे पे इल्ज़ाम लगाने का क्या फ़ायदा
अब पता है
गलती न तेरी थी, ना मेरी थी,
वो मौसम भी आना था, गुज़रना था,
जो हुआ बुरा ना था, अच्छा था
तुम उधर वो दिन याद करके
कभी मुस्कुराती हो, शायद,
समझ गयी,
वो इश्क़ उस वक़्त होना था, जरूरी था,
तुम जहाँ भी हो ख़ुश रहो, मुस्कुराती रहो,
याद बुरी नहीं, अच्छी है
उसे आने जाने दो।

कहाँ से आयी हो
यहाँ की तो लगती नहीं मुझे
क्या परी हो तुम आसमान से आयी हो।
इतनी प्यारी हो तुम
कि मैं हैरान हो जाता हूँ,
छोटी हो पर मैं रोज़ तुमसे सीखता हूँ,
कुछ कहाँ से आयी हो
यहाँ की तो लगती नहीं मुझे
क्या परी हो तुम आसमान से आयी हो।

उसके साथ सैर पर जाना ही जादू होता है,
एक कड़वी बात
उसके मूँह से निकलती नहीं
और ऊपर से इतनी खूबसूरत है वो,
चाँद सितारों और हवाओं की झलक
दिखती है उसमें
और कुछ आसमानी खुशियाँ भी
साथ लाती है अपने
कमाल की लड़की है वो,
फुरसत में बनी है वो।

फँसाना ऐसा था कि
उसकी राख से भी
आग की लौ निकलती है,
सौ साल बाद भी,
उनके इश्क़ के इस फँसाने से
आग बरसती है।

तरीक़े से सलीक़े से उन्होंने
मुझसे अपनी आँखे मिलाई, आँखे बोली,
तुम ठीक हो, थोड़े अच्छे भी लगते हो।

ठण्ड मे घरों में जो अंगीठी जलती है,
कहानियों से भरी होती है,
आप भी दोस्तों के साथ
अंगीठी के ईद गिर्द बैठे हो तो,
एक रोचक कहानी,
क़िस्सा या फँसाना अपना भी सुनाए,
अगली सर्दी जब अंगीठी फिर से जलेगी
और कोयला लाल हो के गर्माहट देने लगेगा,
आपकी कहानी फिर सुनाई जाएगी,
दोहराई जाएगी, अंगीठी याद दिलाएगी।

उसका सुबह आना,
टेपरिकॉर्डर हाथ में पकड़े हुए
और गुलाम अली साहब टेपरिकॉर्डर में
वो फ़साना फिर कभी गाते हुए,
मैं बिस्तर पर लेटे हुए,
सोने का बहाना करता था,
क्योंकि उसका मुझे जगाना,
बहुत ग़ज़ब था।

तेरे में वो क्षमता है,
मेरे वो ज़ख़्म देखने की,
जो मैं दिखाता नहीं, फिर बिन जताए,
उन ज़ख्मों पे, मलहम लगाना,
अपनी समझदार और प्यारी बातों से,
मुझे आराम देता हैं,
आराम है तू, प्यार है तू,
और बेहद सी मोहब्बत भी।

आकर्षण बहुत तीव्र और भयंकर था,
स्पर्श अनिवार्य था,
जरूरी था।

बहुत अरसे के बाद हम मिले,
एक पुरानी आग फिर से भड़की,
यादें साथ बिताए हुए वक़्त की,
गर्माहट लाने लगी पर दूरी फिर भी बनी रही,
मैं सँभल गया और
वहाँ से चल दिया मैं बच गया,
और वो भी बच गई अच्छा ही हुआ।

आना जाना तो लगा ही रहता है,
पर आज जाने को जाने दो,
प्लीज, पास आओ, बैठ जाओ, बैठी रहो,
बस इतना ही।

जैसे जैसे ज़िंदगी गुज़रती है,
तो पता लगता है, कि बहुत दोस्त नहीं,
थोड़े ही बहुत होते हैं, ख्वाहिशें कम होती हैं,
तो ज़रूरतें भी घटती हैं, पैसा भी उतना,
जो ज़रूरत पूरी करें, लालच नहीं,
किसी की मदद कर सकूँ,
चीज़ों का संग्रह नहीं,
प्रकृति के नज़ारे मुफ़्त हैं, पर अनमोल भी,
उनका मज़ा उठा सकूँ,
और एक कविता लिख दूँ,
इनमें रोज़ आनंदित मैं होता रहूँ।

उसका छूना मुझे, सशक्त कर देता है,
राजा बना देता है, उसका राजा,
और वो मेरी रानी।

जब भी आँख बंद करता हूँ,
तुम सामने आती हो,
लाख कोशिश कर लूँ,
तुम कही नहीं जाती हो।

एक नदी के दो किनारे,
दोनों ही उसके प्यारे,
रात में इकट्ठा होते दोनों किनारों पे तारे,
सुबह तक करते वो स्तुति आराधना,
उनको बनाने वाले की,
एक तारा लगाता ठुमका,
और एक डालता भंगड़ा भी,
तारों की चमक चमकती, झिलमिलाती,
नदी के पानी में,
खूब महफ़िल लगती तारों की,
नदी के दो किनारों पे।
एक नदी के दो किनारे,
दोनों ही नदी को प्यारे।

जब बारिश होती है तो
शर्मा जी उसे प्रणाम करते हैं,
बारिश न होती तो शर्माजी अनीता को
अपने छाते के नीचे कैसे लेते,
ख़ुद भीग कर अनीता को सूखा
उसके घर तक कैसे छोड़ते, हीरो कैसै बनते,
विवाह न होता तो अनीता अपनी गुड लक लेकर
उनके पास कैसे आती, और आज शर्माजी
बैंक के जनरल मैनेजर क़तई ना होते,
बारिश न होती तो आज शर्माजी दो खूबसूरत
बच्चों के बाप भी न होते,
इसलिए शर्माजी
मानसून आते ही बारिश को प्रणाम करते हैं।

उसको पहली बार देखा
मसूरी की एक बुक शॉप में,
जगह छोटी थी पर कोजी थी,
बारिश हो रही थी,
पहाड़ों में बहुत सर्दी थी,
पर मेरे दिल में अंगीठी जल रही थी
बहुत सुन्दर थी वो, उसकी आंखें बादामी थी
अचानक उसका हाथ मेरे हाथ को लग गया,
नज़रें मिली, बिजली गिरी,
प्यार हो गया।

तुम मेरे पास नहीं हो,

पर मुझे पता है,

तुम्हें क्या अच्छा और भला लगता है,

उन चीज़ों में मैं तुम्हें रोज़ ढूंढ लेता हूँ।

समुंदर के किनारे सूर्य अस्त देखती हो तुम,

मैं भी टहलता हुआ तुम्हारे पास आ जाता हूँ,

तुम्हारा हाथ अपने हाथ में लेके,

सूर्यास्त तुम्हारे साथ ही मैं देखता हूँ।

तू ना मिलती, तो किसे बताता,
कहानी आधी रह जाती,
और मैं भी अधूरा,
तेरा मिलना मुझसे ज़रूरी था,
आसमानों में लिखा था, ये तो होना था,
तू ना आती, मैं बे मौत मारा जाता,
मेरी कहानी अन सुनी रह जाती,
पर मुझे सिर्फ़ तुझे ही ये कहानी सुनानी थी,
क्यूँ कि केवल एक तू है, जो इसे समझेगी,
सिर्फ़ तू ही इस कहानी से मुझे छुटकारा देगी,
सिर्फ़ तू मुझे इस कहानी से आज़ाद करेगी,
सिर्फ तू।

अब तुम मिल गई
तो इंतज़ार ख़त्म हो गया,
पता नहीं मिलने का ज़्यादा मज़ा है
या इंतज़ार का था।

तुम इतनी हसीन हो
पर इसका इल्म हैं तुम्हें,
यही तो दिक्क़त है, तुम जानती हो,
सभी चाहेंगे तुम्हें।

उन्होंने हंस कर मुझे देखा,
तो मैंने सोचा की कुछ बात बनी,
फिर पता चला कि उनकी आदत है
चीज़ों को हँसी में उड़ाने की।

जब चाँद निकलता है तो
तारों को कहाँ नींद आती है,
जब तुम बन सँवर के निकलोगी,
क्या हमारा दिल न धड़केगा?

मेरी माँ से एक चींज़ सीखी मैंने,
बुराई करने से सिर्फ़ वक्त बर्बाद होता है,
कुछ अच्छी बातें करो
वक़्त को आबाद रखो।

जब घर की डोर बेल बजती है

तो मुझे पता होता है,

कौन है अगर बार-बार और लगातार बजे,

तो बिवी होती है,

अगर बेसब्री से एक बार बजे,

मेरी बेटी होती है,

और ना बजे, और चाबी से दरवाज़ा खुले,

तो वो मेरा बेटा होता है।

बाप बेटा चाबी रखते हैं, दोनों रानियों के लिए

दरवाज़ा खोलने के लिए तैयार रहते हैं।

जहाँ जहाँ नदी बही,
वहाँ पेड़ पौधे उग गए,
नदी के पास आकर क़ाफ़िले रूक गए,
और शहर बस गए।

ना उसे अपनी ख़बर,
वो लोगों की ख़बर रखता है,
फिर सोचता है,
कि रोज़, मुँह के बल क्यों गिरता हैं.

आजकल लोगों के तरीक़े उल्टे हैं,
मधुमेह दूर करने के लिए,
शक्कर खाने की सलाह देते हैं।

अपने अंदर जो बच्चा है, उसे ज़िंदा रखिए,
आपका कोई दिन मामूली ना होगा।
जिज्ञासा, सीख, मस्ती और हँसी से भरा होगा।
अपने अंदर जो बच्चा है उसे ज़िंदा रखिए।

तुम बार-बार मेरी राय माँगते हो,
मुझे पता है कि तुम क्या सुनना चाहते हो,
पर मैं बोलूँगा नहीं, मैं सच बोलूंगा,
तुम्हें अच्छा लगे तो भला,
बुरा लगे तो भी कोई बात नही।

ना ट्रेन पकड़ी ना जहाज़, कुर्सी पे बैठें
और चाय पिते हुए,
मैं दुनिया घूम आया किताब पढ़ते पढ़ते।

वो जो लिखता था, गहरा काट देता था,
अंतर आत्मा को हिला देता था, रूला देता था
और ख़ुद भी रो लेता था।
नीरा, कड़ा और कठोर सच बोल के
आदमी का नज़रिया बदल देता था,
उसकी रूह और आत्मा चिल्लाती थी,
हर एक औरत के लिए,
जो हर रात कुछ पैसौं के लिए उधेड़ी जाती थी,
अन्याय उसे क्रोध और लाचारी से भर देता था,
वो लिखता था, वो लिखता था,
जल्दी मर गया अच्छा हुआ।
शायद आसमान में उसे वो उत्तर मिले
जो वो इस बेजार ज़िंदगी में ढूँढता था,
हो सकता है वो उसे आराम दे, हो सकता है।

मुझ से सफ़ाई किस बात कि माँगता है तू,
गंदगी तो तूने फैलायी है,
तू ख़ुद ही साफ़ कर।

आदमी को पहचानने के लिए,
यह देखना ज़रूरी है,
उसके आस पास कौन- कौन रहता है,
वो किसके साथ उठता बैठता है।

सोच चेहरे पर देखती है,
शारिरिक भाषा भी बहुत कुछ कहती है,
जो सोचता है तू,
छुपा हुआ वो वास्तव में है,
अन ढका हुआ।

चिंता वो ब्याज है,
जो आप उस कर्ज़ के लिए देते हैं,
जो आपने लिया ही नहीं.

कुछ लोग आपकी हार चाहतें हैं
उन्हें अवश्य निराश करें,
जीतें, और बिचारों को माफ़ करें।

अदाकार है वो बहुत मधुर बोलता है,
उसकी मीठी बातों में, मैं मक्कारी की चाशनी
टपकते हुए देख लेता हूँ, उसके वाक्य के बीच में,
बिना कुछ कहे,
मैं निकल लेता हूँ।

आत्म अनुशासन हमें काफ़ी कुछ सिखाता है,
हमें अपनी कमजोरियाँ और ताक़त बताता है
मुश्किल तो है,
पर वो ही हमें अपनी औक़ात दिखाता है।

खाना बुरा नहीं था,
तेरा हाजमा ख़राब था,
ज़िंदगी को ना कोस वो तो अच्छी है,
तेरा नज़रिया ख़राब था।

अच्छा कर, भला कर,
उसे ना दिखा, ना उछाल।

नुक़सान अपना हो तो कहते हैं,
ये इंसाफ़ नहीं, पड़ोसी मर भी रहा हो,
उन्हें कोई परवाह नहीं।

एक झूठ बोला तुमने मुझसे,
हजारों सच जो बोले थे,
सब झूठ हो गए।

इतने सवाल करे जा रहा था
वो मेरे बारे में,
मैंने कहा
इतना तो मैं भी नही जानता
अपने बारे में।

जो पन्ना खुला वो झूठ था,

सच झूठ के पीछें छुपा था,

मैंने सच का कान पकड़ कर बाहर निकाला,

क्यों छुपता है? मैंने पूछा, सच रो पड़ा,

बोला सच को कोई मानता नही,

झुठ सबको स्वीकार है,

मैंने सच को छोड़ दिया,

और वो फिर झूठ के पीछे जाकर छुप गया,

पर मैं सच को जान गया था, और मैंने बोल दिया,

हलचल हुई पर मैं बोलता गया,

फिर लोगों ने सच को मान लिया,

सच डरा पर मुस्कुरा के बाहर आ गया,

लंबी साँस लेकर डंके की चोट पर,

उसने अपना सच का पन्ना खोल दिया।

बहुत देर से चुप हूँ,
आज बोल दूँ क्या,
मुट्ठी कब से बंद है,
आज खोल दूँ क्या,
डर गया है तू,
राज खोल दूँ क्या,
पसीना निकल रहा है,
पोंछ दूँ क्या,
जो तूने बोया है,
अब तू काट रहा है,
तेरी नसों में तेरा ही ज़हर फैल रहा है,
दवा भेज दूँ क्या?

कलम और कागज को पास में रखिए,
वो आपको न्योता दे सकते हैं,
लिखने के लिए।

अगर आप मोहब्बत कर सकते हैं,
तो आप जित सकते हैं।

अच्छी शक्ल को .
गलत सोच, भद्दा बना देती है,
मामूली शक्ल पे, अच्छी और स्वच्छ सोच,
चार चाँद लगा देती है.

लिखो, लिखो, लिखो
ज्वाला को भडकने दो।

अगर ज़िंदगी हमेशा
फूलों का बिस्तर होती,
तो एक कांटा ही हमें मार देता।

चिंता व्यर्थ है,
आप कितनी भी कर लीजिए,
आप अपना कद़
आधा इंच भी नहीं बढ़ा सकते।

तुम जब साथ होती हो,
तो मैं कविता लिख नहीं सकता,
जो वक़्त हम साथ बिताते हैं,
कविता बन जाती है,
तुम्हारे जाने के बाद।

वो वैसा नही है जैसा वो दिखता है,
वो ऐसा है जिसको वो छिपाता है,
कुछ देर के बाद जो वो छुपता
झांकने लगता है,
दिख जाता है, पता चल जाता है।

कुछ लोग मुसीबत के लिए
दरवाज़ा ख़ुद खोलते हैं,
फिर उसे बैठने के लिए कुर्सी भी देते हैं,
चाय को भी पुछ लेते हैं,
मुसीबत को वो ख़ुब इज्जत बख्शा करते हैं,
लोन का इंटरेस्ट देने के लिए
एक और लोन लेते हैं,
क्रेडिट कार्ड को सब कुछ देने वाला
जादुई जिन समझते हैं,
गलत आदतों को पक्का करने के लिए
श्रद्धा से दिन-रात वो अभ्यास करते हैं,
फिर हैरान होकर बोलते हैं, पता नहीं है
ये मुसीबत जाती क्यों नहीं।

सब नफ़रत करते हैं
और उन्हें मोहब्बत चाहिए,
अजीब दुनिया हैं,
जो आदमी बोएगा उसी को तो काटेगा,
आलू बोके तरबूज़ नहीं उगा करते,
नफ़रत बोएगा तो कहाँ से प्यार पाएगा,
प्यार बोएगा तो,
प्यार दोगुना हो के तेरे पास वापस आएगा।

आदमी डरता है अपने आप से,
उसकी सोच डराती है, वो परिस्थीती को
बदलना चाहता है सोच को नहीं,
सोच बदलेगा तो ठीक हो जाएगा।

एक ग़लत ख़याल आपको बीमार करता है,
इससे पहले कि वो जड़ पकड़े और
अपना ज़हर फैलाने लगे,
उसे निकाल के वहाँ
एक अच्छा ख़याल सजा दीजिए।

वो दुष्ट है, उसमें कोई भलाई नहीं,
मैं जानता हूँ, इसलिए कहता हूँ,
कि मैं उसे जानता नहीं।

लोंगो ने मुझे .
जमीन में दफ़न कर दिया,
मैं रूहानी बीज था,
मैं उग गया।

धन्यवाद एक ऐसी चीज़ है
जो कम को भी पर्याप्त करती है।
ख़ाली हाथ आए हैं ,
खाली हाथ जाना हैं,
इसका अभ्यास वो कराती है।

मुझे अपने आपसे बात करना
अच्छा और ज़रूरी लगता है,
बात आपस में होती है,
तो कई मसलों का हल निकलता है।

आदमी को कल से सीख के
आज में रहना चाहीए,
आज मे रहते हुए,
दूरदर्शी भी होना चाहिए।

मैं उदास था और तुम तो मुझे भाषण दे गए,
अरे यार, गले मिलते और
मेरा कंधा थपथपा देते।

क्यों सब्ज़ी वाले से
इतना मोलभाव करता है,
वो वहाँ मोटार कार से नहीं आया,
अपनी गाडी को दो मील धक्का मार के,
बाजार में लाया है।

तुलना उसको सबकी करनी है,
और वो तुलना में सबसे अच्छी है,
गलतफ़हमी, बहुत ही गहरी है।

बचपन में रात को जब नींद न आए,
तो मेरी माँ मेरे सर को सहलाती थी,
मुझे याद है, उस से भली दवा नींद की,
ना तो बनी है, और ना ही बन पाएगी।

लोगों को कैसे जीना चाहिए,
ये बताते लोग थकते नहीं।
खुद कैसे जीना चाहिए,
उसकी उनको, कुछ खबर नहीं।

वो दोस्त ना था, अगर होता तो मेरे
मेरी जीत पर यूँ मुँह लटकाके ना बैठा होता,
वो दोस्त न था पता चल गया।

जमीर तो कब का तुमने बेच दिया,
आज कल क्या बेचते हो?
तुम तो बिक चुके हो,
अब क्या बेचने को देखते हो?

अपनी तुलना
अपने आप तक ही सीमित रखो,
कल से आज बेहतर होने की
कोशिश, जारी रखो।

मैंने उसे सीधा समझा और
वो तो शातिर निकला,
अरे वो तो मुझे कुछ दिखा गया।
फिर से धोखा न खाऊँ,
ये मुझे सिखा गया।

आदमी तूफ़ान में भी कश्ती को
किनारे लगा देता है,
हिमालय की चोटी पे चढ़कर,
उस पे भी विजया होता है, पर जो आदमी
अपना जुबान को नियंत्रण में कर लेता है,
वो सबसे बुद्धिमान और बलवान होता है।

मुझसे क्यों नाराज़ हो तुम,
मैंने तो सिर्फ इतना कहा कि
बहूत झूट बोलते हो तुम,
और ये बात तो मुझसे पहले जानते हो तुम।

तजुर्बा तो सबको होता हैं,
कुछ सीख लेते हैं, और कुछ नहीं,
बस केवल यही एक फ़र्क होता है,
हार और जीत में।

सुन लें राजा बात फतेह की, लल्लू मत बन,
कल में ना फँस, आज मेहनत कर जूते घिस,
पसीना बहा, जिंदगी मत गवां,
कोई काम बड़ा या छोटा नहीं,
अपनी तक़दीर तू आज खुद बना,
सुन लें राजा बात फतेह की, लल्लू मत बन,
तक़लीफ से जूझ, सीख, रोज़ सीख,
पुराने जूतों का तस्मा बाँध टाइट, निकल जा,
जो सीखा हे उसे अब इस्तेमाल कर,
रोज़ या तो सीख, या तू जित।

जो आप अपने आप को कहतें हैं,
उस पर अमल कीजिए।
अगर नहीं, तो प्लीज़,
किसी को मशवरा ना दीजिए।

आसान और सरल चीज़ें मुश्किल होती हैं,
प्यार, करूणा, दया, मदद और सादगी
ये चीज़ें भली होती हैं।

न फेक अपना कचरा पड़ोसी के बग़ीचे पर,
डेंगू के मच्छर को उड़ना आता है,
वो उड़ कर आएगा
तेरे घर में और काटेगा तेरे कान पर।

आँख बंद करने से मुसीबत टल नहीं जाती
आज सामना करके निपटा दो
नहीं तो कल दो और
मुसीबतों को साथ लेके आएगी।

दिल और दिमाग की
वार्तालाप चल रही थी,
दिमाग बोला, मिल लेता हूँ उससे,
अब तो हमारी दुश्मनी नहीं,
दिल बोला माफ़ करना अच्छी बात है,
पर साँप दुबारा नहीं काटेगा,
ऐसी कोई गारंटी नहीं,
दिमाग ने दिल की बात सुन ली,
और बच गया।

बुद्धिमानी विरासत में नहीं आती
कमाई जाती है, कई बार गिरने से ही बात
समझ आती है, हार से ही जीत का सबक़
मिलता है, मूर्ख गिरने के बाद ज़मीन में
पड़ा रहता है, अपनी किस्मत को कोसता है,
और हार मान लेता है, जो समझदार है वो
गिर के खड़ा होता है, हिम्मत करता है,
सीख जाता है, जीत जीता है,
बुदि्धमानी विरासत में नहीं आती,
कमाई जाती है।

मैंने आराम से पूछा, भाई तू किधर मिलता है,
हँसा और वो बोला, मैं बाहर नहीं,
पर तेरे दिल में रहता हूँ,
मुझे महसूस करना पड़ता है,
जब मैं मिलता हूँ, सब जगह दिखता हूँ,
फूल में, बच्चों में, इंसान में, तक़लीफ में भी
मैं तेरा साथ नहीं छोड़ता हूँ,
प्रभू ने तेरे बनाने में ही रचा है मुझे,
तेरे वजूद का हिस्सा हूँ मैं, बस मुझे ढूँढना,
और समझना पड़ता है।

हमारी सोच को भावनाओं से
तगड़ा होना चाहिए।
हमारी ना को ना,
हाँ को हाँ होना चाहिए।

महंगे जूते, अच्छे कपड़े, लोग पहनते हैं,
मुँह पर फेयर एंड लवली भी लगाते हैं,
बाहरी रूप का वो बहुत ख़याल रखते हैं,
पर अपनी सोच को डब्बे में बंद करते हैं,
बेचारी सोच को टूटा जूता,
और फटे वस्त्र पहनाते हैं,
सोच बदलो, जूते नहीं,
विचार बदलो कपड़े नहीं।

कमाल करती है तेरी बेवकूफियां,
रोज सीखता हूँ तुझसे क्या नहीं बोलना
और क्या नहीं करना,

मुश्किल बुरी चीज़ नहीं,
वो सीखने वाले को
बड़ा कुछ सिखाती हैं,
और कहते हैं की
अकल भी मुश्क्लि से ही आती है।

छेड़ सकते हो तुम
अब मेरे पुराने जख्म,
तुम्हें इजाजत है,
अब मैं वहाँ नहीं हूँ ,
वो जगह ख़ाली है।

दर्द ने बताया कि आराम क्या होता है
अँधेरे ने सिखाया रोशनी का सबक,
कंजूस ने सिखाया देने का आनंद,
भूख ने सिखाया खाने का महत्व,
गुस्से ने सिखाया हाथ मिलाने की ज़रूरत,
ग़म ने सिखाया ख़ुशी का रहस्य,
बच्चों ने दिखाया मुझे प्रभु का रूप,
ब्रम्हाण्ड ने दी मुझे मिल जुल के
काम करने की समझ,
प्रभू ने समझायी बलिदान की ताक़त,
जिसने दी मुझे सिर्फ़ उस पर
भरोसा करने की अक़्ल,

मेरा अनुभव मुझे कुछ सिखाता रहे
ऐसा मैं चाहता हूँ,
पहले से बेहतर होना चाहता हूँ,

जब अपने आप से झगड़े बंद किये,
तो लोगों से सुलह हो गई,
जब समझ आया लडाई फजूल है,
तो ख़ुद से भी दोस्ती हो गई।

मैंने सोचा, मैं उसे माफ़ करूंगा,
तो वो ठीक होगा, उल्टा हुआ,
मैंने उसे माफ़ किया, और मैं ठीक हुआ।

एक अच्छा प्रश्न,
बुद्धिमान को उत्तर देने के लिए
मजबूर करता है।

दिल और दिमाग,
दोनों को सुनना चाहिए,
सोच समझ के फिर निर्णय लेना चाहिए।

बोलता है सीखने की किताब नहीं है,
कैसे सीखूँ,
ज़िंदगी इतनी बड़ी किताब है,
उसे दिखती ही नहीं।

जब आपकी नियत साफ़ होती है,
और आपको कोई छोड़ देता है,
नुकसान आपका नहीं,
उसका होता है।

हमारी सोच है अलग, किसी मुद्दे पर,
तो क्या हुआ, हम दुश्मन तो नहीं,
आओ सैर पर निकलते हैं,
कुछ अलग बात करते हैं
और किसी ढाबे पर गरमा-गरम चाय पीते हैं,
हमारी सोच अलग है
पर दोस्त तो हम पुराने हैं।

आदमी तूफ़ान में भी कश्ती को
किनारे लगा देता है,
हिमालय कि चोटी पे चढ़कर,
उसपे भी विजयी होता है,
पर जो आदमी जुबान को
नियंत्रण में कर लेता है,
वो सबसे बुद्धिमान और
बलवान होता है।

तुम्हारे जलते दिए से
दूसरों को अपना दिया जलाना दो,
दिए और जलेंगे
रोशनी बढ़ेगी
राह दिखने लगेगी,
अब तुम अकेले नहीं हो,
इकट्ठा आगे बढ़ो।

नहीं बनना मुझे
अपने दुश्मन की तरह,
फिर क्या फ़र्क रह जाएगा हम दोनों में,
वो बेवजह नफ़रत करता है,
मुझे बेवजह प्यार करना है,
ये फ़र्क मुझे,
बिलकुल बनाकर रखना है।

उस पेड की लकड़ियां लचीली थी,
तूफ़ान आया तो सिर्फ़ वो ही पेड़ था,
जो गिरा नहीं।

मत जा मेरे चेहरे की झुर्रियों पर,
जब ये आती है,
मैं और मजबूत हुआ करता हूँ।

मुसीबत कभी आती नहीं,

वो आती है,

वो मादा है नर नहीं,

सतर्क और एलर्ट हमेशा रहियेगा

और अपनी बीवियों को

सदा हीं खुश रखिएगा।

मेरी एक गुज़ारिश है, तुम से प्रिय,
मुझे तुम इतना पकाया ना करो,
अत्यधिक ज्ञान अपना,
दिन भर मेरे साथ बाँटा ना करो,
कुछ ज्ञान अपने प्रयोग के लिए,
अपने पास ही रखा करो,
हर दिन कुछ वक़्त के लिए,
मुझे अपने हाल पर छोड़ दिया करो,
मेरी एक गुज़ारिश है तुमसे प्रिय,
मुझे तुम रोज़ इतना पकाया ना करो।

पत्नी ने सुझाव दिया,

कि कविता मेरे चरणों में बैठकर लिखा करो

कुछ अच्छा तो लिखोगे मैं बेलन लेके बैठूंगी

और टाइम टू टाइम फटका दूँगी

दिमाग खुलेगा और फटाफट कविताएँ .

कलम से काग़ज़ पर आ जाएँगी।

मैंने सुझाव रिजेक्ट कर दिया

और पत्नी से दूर जाके

थोडा डिस्टेंस बना लिया

और बेलन को तुरंत छुपा दिया।

मेरे से पूछा उन्होंने,

क्या मेरा वज़न बढ़ गया हैं,

मैं अचंभित होके, उछल के पीछे हुआ,

और बोला क्या कह रही है आप,

ऐसे अपशब्द ना बोलिए,

सुख के कांटा हो गई हैं आप,

कुछ खाया पिया कीजिए,

मोहतरमा मुस्कुरायी, फिर शरमाई,

आप भी ना, कहके लहराती हुई,

धरती को थोड़ा हिलाती हुई, आगे चल दी,

मैं बच गया।

मरने के बाद जो रिश्तेदारों के लिए
दावत रखी गई
उसमें उनकी मिसेज़ ने सारे वो खाने बनवाए
जो उनके पति को पसंद नहीं थे,
किसी ने कहा भाभी जी ये खाना तो
भाई साहब को पसंद नहीं था,
तो जवाब मिला कि पकौड़े, समोसे और
तली हुई चीजे खाते थे।
वो, दाल, सब्जी और
फल खाते तो आज ज़िंदा होते।

लंबे ख़त जो वो लिखती थी,
प्यार, मोहब्बत से भरे होते थे,
भावुक होने के कारण उनके आँसू जब
ख़त के पन्नों पर गिरते थे,
तो स्याही फैल जाती थी,
मैंने आँसू टेस्ट करवाए,
वो पानी निकले,
मेरे इश्क़ का बुखार
तुरंत ठंडा हो के उतर गया।

उसकी आदत है शेखी मारने की,
एक खरोंच लगी थी उसके माथे पर,
बोला ट्रक से उसकी टक्कर हो गई
मैं बोला सही कहते हो,
मैंने ट्रक को जख्मी हालत में,
अस्पताल के बिस्तर पर लेंटे देखा,
नर्स उसे इंजेक्शन लगा रही थी,
और आई वी से पेट्रोल चढा रही थी,
बेचारा तकलीफ में है,
तुम ट्रक को कभी मिल आना,
और साथ में उसके लिए
कुछ फल, फूल भी ले जाना।

मेरी कविता को
इरशाद बोलो नालायकों,
अभी तो दो-चार ही सुनाऊंगा,
नहीं माने तो,
कमरे को बंद करके,
कविताएँ, सारी रात सुनाऊंगा।

इश्क़ का अंजाम हर वक़्त अच्छा नहीं होता,
पर इस वजह से आदमी इश्क ना करें,
ऐसा हो नहीं सकता,
वो किया नहीं जाता, हो जाता है।
बुखार की तरह चढ जाता है,
और कभी दुर्भाग्य वश, गंभीर झटका
लगने के बाद तुरंत उतर भी जाता है।

आपकी बोहोत बुराई कर रहा था वो,
यहाँ तक कि गाली भी निकाली उसने आपको,
उससे बच के रहिएगा,
बोला मुझसे,
मैं बोला,
आपने इतने चाव और ध्यान से
मेरी बुराई सुनी उसके लिए आपका शुक्रिया,
पर बच के तो मैं आपसे रहूँगा।

राय, सलाह, भाषण और आलोचना,
हर वक्त करने की लोगों को गंभीर बीमारी है,
इसका इलाज मुझे तो पता नहीं,
अगर आप को पता है,
तो उसका नुस्खा और दवा के सेवन की विधी,
मुझे ज़रूर भेजिए।

आराम से बैठा हूँ क्यों मुझे सताती हो,
मुझे बहस नहीं करनी
तुम बहस करना चाहती हो,
जीता समझो तुम
अपने आप को बिना बहस किए।
सब बीती और आने वाली
बहस में तुम विजयी हो,
ऐसा मान लो बिना बहस किए।

घर में शायर का होना,
परिवार वालों को भारी पड़ता है,
वक्त, बेवक्त उन्हें सब कुछ छोड के,
कविता सुनना पड़ता है।

कुछ अरसे के बाद आया मैं
अपने गाव की गलियों में,
हर मोड़ पर पुरानी यादें अड्डा जमाए बैठी थी,
मैं भी बैठ गया यादों के बीच,
और उनसे बात करने लगा,
खूब महफ़िल जमी हमारी,
रात भर कहानियां सुनते, सुनाते हुए,
फिर मैं उठा,
और चल दिया अपने होटल की तरफ,
अब यहाँ घर नहीं है मेरा,
पर मैं अकेला बिलकुल नहीं, बहुत यादे है यहाँ,
मुझे कंपनी देने के लिए।

ज़िंदगी में कुछ यादें ख़ास होती हैं,
उस याद के पन्नों का कोना
मैं मोड़ देता हूँ,
कभी भी कोना देख कर,
फिर से मैं वो पन्ना खोल देता हूँ।

रात ने टापू को घेर लिया,

चाँद ने भी अपना जादू बिखेर दिया,

रात को पता था कि .

खूबसूरत लग रही है वो,

टापू शांत था,

सब मधुर और अच्छा था,

रात ख़ुश थी, हसीन थी,

माहौल अच्छा था।

सूरज की किरणों को
चेहरे पे पढ़ने दिजिए,
परछाइयों को पीछे
गिरने दीजिए,
रात को आसमान की तरफ़ देखा करें,
और चाँद की चाँदनी को
दिल में उतरने दीजिए।

सब जानता हूँ मैं, वो बोलता है,
सेल्फ़ मेड आदमी हूँ,
सीखो मुझ से बेवकूफों, गधों,
अचानक उसे दस्त लग गए,
अधमरा हो गया,
वैद को कुछ नहीं पता, बेवकूफ़ है वो,
अपना इलाज ख़ुद करने लगा,
अपनी दवा खा के,
नौकर को गाली निकाल के,
वो मर गया,
नौकर चौंका, फिर हँसा,
और चादर से उसका मूँह ढक दिया।

सूरज की किरणों को चेहरे पे पढ़ने दें
परछाइयों को पीछे गिरने दें,
रात को आसमान की तरफ़ देखा करें,
और चाँद की चाँदनी को दिल में उतरने दें।
हवा संदेश लेकर आयी है,
सब अच्छा है, भला है,
इस संदेश को स्वीकार कर लीजिए,
लंबी साँस लेकर स्माइल कीजीए।

हवा चल रही है मैं भी उसके साथ चल दिया,
कहाँ से आयी हो मैंने पूछा, बनाने वाले ने
अपने गोदामों से छोड़ा है मुझे,
कुछ सूरज की ऊर्जा चाँदनी और
तारों की चमक भी लाई हूँ,
और एक पैग़ाम के आसमानों में
सब ठीक चल रहा है और तुम भी ठीक हो,
सब भला है प्रभु की कृपा है,
आनंद में रहो सब अच्छा है,
मैंने कहा ऐसे ही मिलती रहो,
खुशख़बरी देती रहो।

देखो वो बैठा है अपनी शिकायतों के
सिंहासन पर, घड़ियाल के आँसू बहा रहा है
चिल्ला-चिल्ला कर, कोई अब सुनता नहीं है,
ये उसकी एक और शिकायत है,
कितने कठोर लोग हैं,
उसके साथ अब कोई रोता ही नहीं,
देखो वो बैठा है
अपनी शिकायतों के सिंहासन पर।

जिसको मैंने ख़्वाब में देखा था
वो सामने दिख गयी, मैं हैरान हो गया,
अरे ये तो कमाल हो गया, मैं वहीं पर रूक गया
थोडा कंफ्यूज हो गया,
अरे वो तो मेरी तरफ़ आने लगी,
सामने आकर बोली
मैं तुम्हारे ख़्वाब में आयी थी कल,
मैंने कहा यह तुम्हें कैसे पता,
बोली मैं ही तो आयी थी
मुझे ही तो पता होगा ना,
बोली मेरा नाम नहीं पुछेगा क्या,
मैंने पुछा, बोली मेरा नाम ख़्वाब है,
मैं दिन मे भी सपने दिखाती हूँ,
मिलती रहूँगी तुमसे, यह कहकर
वो ग़ायब हो गई।

मैं कॉफ़ी शॉप में बैठा था,
जिसको ख़्वाब में देखा था फिर मुझे दिख गई,
कुर्सी पे आके सामने बैठ गई।
मैंने एक और कॉफ़ी बोल दी और
वो मेरे साथ मिठी, हसीन बातें करने लगी,
मैंने पुछा आप कौन हैं?
वो बोली, बताया तो था मैं ख़्वाब हूँ,
दिन में भी सपने दिखाती हूँ,
कॉफी पीने के बाद एक पल के लिए मेरी नज़र हटी
और वो फिर से ग़ायब हो गई, मैं थोंडी देर वहीं बैठा,
लंबी साँस ले के बिल देने को गया,
केशियर बोला,
जो आपके साथ थी वो बिल दे के गई।

इतनी देर से अकेले कमरे में बैठे हो,
क्या बोर नहीं हो जाते हैं,
मैंने कहा मेरी कल्पना मेरे साथ है
मैं अकेला नहीं,
कभी कमरे मे हूँ,
कभी नहीं।

अपनी सब कवितायें मुझे याद नहीं रहती,
और याद रखने की ज़रूरत भी नहीं,
कवितायें जो बन चुकी हैं,
उन्हें तो मैं क़लम से काग़ज़ पर लिखा देता हूँ,
और फिर से जगह बन जाती है,
कुछ नयी कविताओं के लिए
जिनके पास मैं जाना चाहता हूँ
और वो मेरे पास आना चाहती हैं।

विलंब मे ज़िंदगी गुज़र गई,
उस पर किताब भी लिखनी थी,
वो भी ना लिखी गई,
विलंब मे ज़िंदगी गुज़र गई,

मेरा सोने का तरीक़ा अलग है,
सोने के लिए मैं ख़यालों में क्रिकेट खेलता हूँ
और कम से कम २० रन
और दो विकेट लेता हूँ।

इतने शोर के बाद जब सन्नाटा आया,
मैंने गर्म मुलायम कंबल की तरह उसे ओढ़ लिया,
और गहरी नींद में मैं सो गया।

रात से डर लगता था, तो रात को मैंने
छत पर सोना शुरू कर दिया, कुछ दिन लगे और
फिर दोस्ती हो गई, कंबल की जगा मैंने रात को
ओढ़के सोना सीख लिया।

घर के बाहर बगीचे में बैठी थी वो,
फूलों से घिरी हुई थी वो,
हमने गुलाबों को देखा और फिर उनको,
और सोच में पड गए,
के गुलाब ज्यादा सुंदर है कि वो।

आँसू आँख में भरा पर गिरा नहीं,
वो समझ गया कि कोई समझेगा नहीं,
वो मेरी आँख से मेरे दिल में वापस टपक गया
और चुपके से जाकर वहाँ वो आँसू छुप गया

खून में रवानी बरकरार रखने के लिए,
अपनी कहानी सुना,
तू सिर्फ़ मरने के लिए पैदा नहीं हुआ, ये बता,
तू भी कई कहानियाँ है, जो तुझे सुनानी है,
जो हार को तूने जीत में बदला, वो क़िस्सा सुना,
तेरे जाने के बाद भी, तेरी कहानी महफ़िल में
सुनाई जाए, तेरा वजूद भी उस कमरे में महसूस हो,
और लोगों के खून में रवानी लाए।

www.ingramcontent.com/pod-product-compliance
Lightning Source LLC
LaVergne TN
LVHW051129210926
848482LV00001B/32
* 9 7 9 8 9 0 0 8 9 2 4 6 7 *